블랙홀이란 무엇인가?

민음 바칼로레아 036

블랙홀이란

무엇인가?

파스칼 보르데 ∣ 곽영직 감수 ∣ 김성희 옮김

민음in

차례

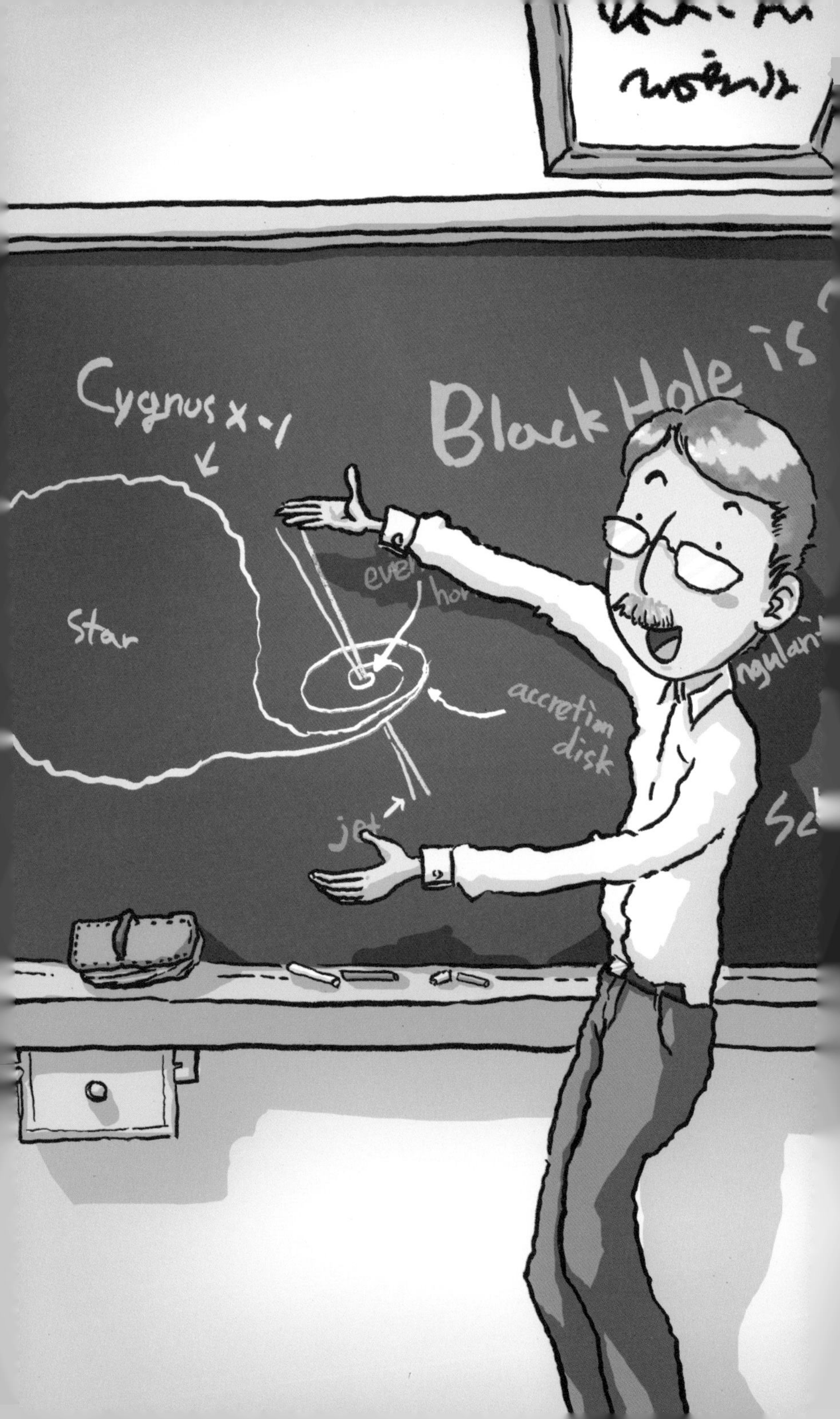
Black Hole is
Cygnus X-1
star
accretion disk
jet

질문 : 블랙홀이란 무엇인가?

18세기 말까지 우리는 블랙홀이란 게 있는지조차 몰랐다. 그런데 중력에 대한 새 이론들이 등장하면서, 과학자들은 우주 어딘가에 있을 이 낯선 천체를 예측하기 시작했다. 그리고 20세기 초가 되자 아인슈타인이 블랙홀의 존재를 확실히 증명하는 일반 상대성 이론을 내놓았다. 오늘날에는 블랙홀을 근거로 하지 않으면 여러 가지 천체 물리학적 현상들을 설명하기 어렵다.

우리가 블랙홀을 제대로 이해하려면 우선 중력의 속성과 친해질 필요가 있다. 또 중력에 대해 제대로 알려면, 뉴턴 역학과 아인슈타인의 일반 상대성 이론에서 말하는 '중력'부터 살펴보아야 한다. 이 두 이론을 통해 중력의 특성을 이해하는 것이야말로 블랙홀을 알기 위한 필수 과정이며, 동시에 블랙홀의

존재를 말해 주는 천문학적 관측 사실들을 제대로 해석하기 위
한 준비 과정이기도 하다.

그러면 먼저 중력에 관한 이론을 알아본 다음, 블랙홀의 신
비한 세계로 떠나 보자.

1

중력 때문에
블랙홀이 생기는 걸까?

뉴턴이 말하는 중력이란 무엇인가?

중력˙은 물체들이 서로 끌어당기는 자연적인 힘이다. 17세기에 뉴턴˙은 중력과 관련된 중요한 법칙 하나를 발표했다. 그 내용은 다음과 같다.

어떤 두 물체 사이에 작용하는 인력의 세기는 두 물체의 질

● ● ●

중력 말 그대로 끌어당기는 힘을 인력이라고 한다. 인력에는 전기적 인력, 강력, 약력 같은 것들이 있으며, 특히 질량 사이에 작용하는 인력을 중력이라고 한다.
아이작 뉴턴(1642~1727) 영국의 물리학자이자 수학자, 천문학자. 만유인력의 법칙, 운동 법칙, 유분법 등 물리학, 천문학, 수학 분야에서 두드러지는 발견을 했으며, 자연을 기계론적으로 바라보는 역학적 세계관으로 근대 사상과 과학의 확립에 큰 역할을 했다. 대표적인 저서로 『자연 철학의 수학적 원리』가 있다.

량을 곱한 값에 비례하고, 둘 사이의 거리를 제곱한 값에 반비
례한다. 여기서 힘은 물체의 종류에 따라 달라지지는 않는다.

지구는 우리와 우리 주위에 있는 물체를 끌어당기고 있다.
일반적으로 우리는 그것을 '무게'라고 부른다. 우리가 지구가
물체를 끌어당기는 힘인 무게를 아주 잘 느낄 수 있는 이유는
지구의 질량(6×10^{24}킬로그램)이 매우 크기 때문이다. 그러나
주변 사람이나 사물이 끌어당기는 힘은 거의 느끼지 못한다.

왜 그럴까? 몸무게가 75킬로그램인 남자와 60킬로그램인
여자가 서로 1미터 떨어져 있다고 해 보자. 이때 두 사람이 서
로에 대해서 느끼는 인력은 각자가 지구에 끌리는 힘과 비교했
을 때 20억 분의 1도 채 되지 않는다.(두 사람이 느끼는 인력은
$\frac{75 \times 60}{1^2} = 4500$이다. 반면에 지구의 반지름을 6.4×10^6미터로 어
림할 때, 지구와 남자 사이에 작용하는 인력은 $\frac{75 \times 6 \times 10^{24}}{(6.4 \times 10^6)^2} = 10^{13}$
이다. 이 두 값의 엄청난 차이를 생각해 보라.) 그 정도의 힘으로
는 서로 끌릴 리가 없다! 게다가 두 사람 사이의 간격이 2미터
가 되면 그 인력은 4배 더 약해지고, 4미터가 되면 16배 더 약
해진다.

뉴턴은 이런 힘이 지구에서뿐만이 아니라 온 우주에서 적용
되는 보편적인 것임을 깨닫고 만유인력이라 불렀다. 따라서 사

과가 중력 때문에 땅에(지구의 중심을 향해) 떨어진다면, 달도 지구를 향해 떨어질 수 있다. 그런데 왜 달은 지구를 향해 떨어지지 않는 것일까? 달이 지구 중력에 의해 끊임없이 운동 방향을 바꾸기 때문이다. 더 정확히 말하면 지구의 중력이 달의 운동 방향과 수직으로 작용해서 달의 운동 방향만 바꾸고 있는 것이다.

어쨌든 달은 지구의 중력에 끌리고 있기 때문에 지구 주위로 궤도를 그리며 돈다. 태양을 중심으로 궤도를 그리며 운동하는 행성들도 같은 식으로 설명할 수 있다.

뉴턴의 이론은 중력의 존재를 증명해 주었다. 그리고 지금도 하늘에서는 매일매일 뉴턴의 이론이 증명되고 있다. 예를 들어, 태양계의 행성들은 날이 바뀌고 해가 바뀌어도 뉴턴 이론에 따라 계산된 자리에 항상 머물러 있다. 또 뉴턴의 중력은 무인 우주 탐사선이나 통신 위성의 궤도를 계산할 때에도 아주 중요하다.

그렇다면 뉴턴은 중력을 완벽하게 이해했을까? 또 그의 이론은 현실을 정확하게 반영하고 있을까? 사실 뉴턴의 이론도 다른 많은 이론들처럼 언제 어디서나 적용할 수 있는 것은 아니다. 즉, 어떤 범위 내에서만 유효하고 정확하다. 어쨌든 우리가 이 책에서 다루고자 하는 주제와 관련지어 보자면, 그의 중력 이론은 탈출 속도라는 개념을 제시한다는 점에서 중요하다. 탈출 속도를 아는 것은 블랙홀로 나아가기 위한 첫걸음이기 때문이다.

보이지 않는 별도 있을까?

만약 팔에 한껏 힘을 주고 공을 높이 던지면, 그 공은 포물선을 그린 후에 다시 땅으로 떨어질 것이다. 그런데 이 공을 아주 강한 힘으로 하늘을 향해 쏘아 올린다면 대기권 밖 우주로 보낼 수 있지 않을까? 뉴턴의 법칙에 따르면, 초속 11.2킬로미터로 공을 쏘아 올리면 가능하다.

이처럼 던져 올린 공이 다시 땅으로 떨어지지 않고 광활한 우주 속으로 날아가 버리는 속도를 **탈출 속도**라 한다. 무인 우주 탐사선이 지구 중력으로부터 벗어나려면 바로 이런 탈출 속도로 쏘아 올려져야 한다. 하지만 인공위성이 지구 주위로 궤도를 그리며 돌려면 그보다 작은 속도인 초속 8킬로미터로 쏘아 올려야 한다. 이 속도는 인공위성이 지구 중력의 영향을 적절히 받아 땅으로 떨어지지도 않고, 그렇다고 우주 속으로 날아가 버리지도 않으며 지구 주위를 돌 수 있을 정도이다.

벗어나려는 천체의 질량이 클수록 탈출 속도도 그만큼 커진다. 예를 들어, 달에서 벗어나기 위한 탈출 속도는 초속 2.4킬로미터이고, 태양에 대한 탈출 속도는 초속 618킬로미터이다.

미첼*과 라플라스*는 각각 1783년과 1798년에 탈출 속도와 관련하여 비슷한 추론을 했다. 이들은 질량이 너무 커서 초속 30만 킬로미터인 빛의 속도보다 더 빠른 탈출 속도를 가진 별을 상상했다. 이런 별에서는 빛조차도 별의 중력을 벗어나지 못할 것이다. 다시 말해 별의 표면에서 빛이 빠져나오지 못하므로 보이지 않게 되는 것이다. 말하자면 '검은 별'인 셈이다. 미첼과 라플라스는 우주에 있는 물질의 상당 부분이 그렇게 해서 우리 눈에 보이지 않는 것이라고 생각했다.

애석하게도 검은 별들은 우리 눈에 보이지 않기 때문에 이론적으로만 추론될 뿐이다. 그래서 우리가 검은 별에 대해 가질 수 있었던 관심에도 한계가 있었다. 하지만 충분히 큰 질량

●　●　●

존 미첼(1724~1793) 영국의 천문학자이다. 1783년, 질량이 태양의 약 500배 되는 별은 중력이 너무 강해서 빛이 빠져나오지 못하므로 보이지 않게 된다는 내용의 논문을 영국 왕립 학회에 제출했다.
피에르 시몽 드 라플라스(1749~1827) 프랑스의 천문학자이자 수학자이다. 만유인력 이론을 태양계에 응용하여 18세기 후반 천체 역학의 황금기를 열었다는 평가를 받고 있다.

을 가진 천체가 빛을 잡아 가둘 것이라는 생각은 블랙홀에 대한 새로운 이론이 탄생하는 계기가 되었다. 즉, 미첼과 라플라스가 주장한 검은 별 이론이 중력에 대한 아인슈타인*의 현대적인 이론 속에서 다시 나타나게 된 것이다.

아인슈타인이 말하는 중력이란 무엇인가?

20세기에 접어들어 물리학은 두 가지 새로운 이론으로 큰 변화를 겪었다. 그 두 이론은 극히 작은 것에 대한 양자 역학* 이론과, 극히 큰 것에 대한 일반 상대성 이론이다. 이 글에서는 우선 상대성 이론에 대해 알아보기로 하자.

20세기의 위대한 물리학자 아인슈타인은 두 가지 서로 다른

● ● ●

알베르트 아인슈타인(1879~1955) 독일 출생의 미국 이론 물리학자. 광양자설, 특수 상대성 이론, 일반 상대성 이론, 통일장 이론 등을 연구하여, 갈릴레이와 뉴턴의 이론이 지배하던 물리학을 완전히 새로운 관점에서 뒤흔들었다. 광전 효과와 이론 물리학 연구에서 쌓은 업적으로 1921년에 노벨 물리학상을 수상했으며, 사후에 미국에서 아인슈타인상을 제정, 해마다 두 명의 과학자에게 수여하고 있다.

양자 역학 전자, 양성자, 중성자 등 원자보다 작은 입자들을 대상으로 하는 물리학이다.

상대성 이론을 주장하여 물리학계에 일대 혁명을 일으켰다. 바로 1905년에 발표한 특수 상대성 이론과 1915년에 발표한 일반 상대성 이론으로 촉발된 것이다.

이 두 가지의 상대성 이론이 혁명적인 이유는 시간과 공간에 대한 우리의 전통적이고 직관적인 이해를 무너뜨렸기 때문이다. 우리의 직관에 따르면, 시간과 공간은 단순하다. 시간은 우주 어디에서든 같은 방식으로 흘러가고, 공간은 물체들이 그 안에서 움직이는 고정된 틀과 같은 것이다. 그런데 아인슈타인은 이런 생각이 모두 착각에 불과하다고 지적한다. 왜냐하면 시간과 공간은 누구에게나 똑같이 느껴지는 절대적인 것이 아니기 때문이다.

아인슈타인에 따르면 시간과 공간은 상대적이다.(그래서 '상대성 이론'이라는 이름이 붙었다.) 게다가 시간과 공간은 서로가 무관하게 독립적으로 존재하지 못한다. 3차원의 공간과 시간은, 4차원 구조 속에서 **시공간**으로 통합되기 때문이다.

특수 상대성 이론은 '광속 불변성의 원리'를 기초로 하고 있다. 여기에서 광속 불변성이란 관찰자가 어떤 운동을 하든 빛의 속도는 언제나 같은 값(초속 30만 킬로미터)으로 측정된다는 사실이다.

어떤 물체의 길이나 운동 속도를 측정할 때 관찰자가 운동하고 있느냐 정지해 있느냐에 따라 서로 다른 값을 얻게 된다. 즉, 움직이고 있는 관찰자는 정지해 있는 관찰자에 비해 길이는 더 짧게(길이 수축 효과), 시간은 더 길게(시간 지연 효과) 측정하게 된다. 다만 우리가 일상 생활에서 이 두 가지 효과를 느끼기 어려운 이유는, 움직이는 관찰자의 속도가 빛의 속도에 가까울 경우에만 그 효과들이 뚜렷하게 나타나기 때문이다.(직접 확인해 보고 싶겠지만 참길 바란다. 아무리 빠른 스포츠카도 빛의 속도에 가깝게 움직일 수는 없다!)

특수 상대성 이론에서 꼭 짚고 넘어가야 할 중요한 사실이 또 한 가지 있다. 이 이론에서는 질량과 에너지를 같은 것으로 본다. 그 유명한 공식 $E=mc^2$ 이 바로 이와 같은 사실에서 생겨난 것이다.(E는 에너지, m은 질량, c^2은 광속의 제곱을 나타낸다.) 그리고 이 이론에 '특수'라는 단어가 붙은 것은, 중력이 없는(혹은 중력의 효과를 무시할 수 있는) 경우에만 적용되는 이론이기 때문이다.

아인슈타인은 중력이 작용하는 경우에도 자신의 상대성 이론을 적용시킬 수 있는 길을 찾기 시작했다. 그 결과 10여 년에 걸친 연구 끝에 일반 상대성 이론을 탄생시켰다. 일반 상대성 이론은 질량(혹은 그와 등가인 에너지)이 시공간을 휘어지게 한다는 생각을 바탕으로 한다. 이것은 팽팽하고 얇은 고무판 위에 당구공을 올려 놓으면, 당구공의 질량 때문에 고무판이 오목하게 휘는 것과 비슷하다. 이처럼 공간이 휜다는 개념을 이해하기 위해서, 구의 표면 위에 있는 평면들을 상상해 보자.

우리는 수학 시간에 삼각형의 세 내각을 합하면 180도라고 배웠다. 하지만 구의 표면에 달라붙은 삼각형의 세 내각은 합이 180도가 되지 않는다. 또 구의 표면에 있는 한 점과 다른 한 점을 잇는 가장 짧은 선인 **측지선**도 직선이 아니다. 이 선은 커다란 원의 일부(원의 중심이 구의 중심과 일치하는 원)를 이루고 있으므로 곡선으로 휘어 있다.

일반 상대성 이론에서 중력은 힘으로 나타나기보다는 시공간의 기하학에서 그 실체가 더 잘 드러난다. 예를 들어 자유 낙하하는 입자처럼 중력의 영향만 받는 물체는 직선을 그리지 않고 휘어진 시공간의 측지선을 따라 운동한다. 또 태양 주위를 도는 지구의 궤도는 타원인데, 그 이유는 태양 주변의 측지선이 그런 모습이기 때문이다.

휠러[*]는 이런 현상을 바탕으로 일반 상대성 이론에서 말하

● ● ●

존 휠러(1911~) 현재 미국 프린스턴 대학의 명예 교수이다. 그는 상대성 이론을 블랙홀에 적용하여 이에 대한 사람들의 이해를 넓혀 주었다. 또 질량이 아주 커다란 별이 죽어 블랙홀이 되는 이론의 기초를 닦는 데 기여했다.

는 시공간의 기하학을 다음과 같이 요약했다.

물질은 그 주위의 시공간에게 어떻게 휘어야 하는지를 지시하고, 휘어진 시공간은 그 속의 물질에게 어떻게 움직여야 하는지를 지시한다.

태양계에서처럼 중력이 지나치게 크지 않을 때에는, 아인슈타인의 이론에 따른 예측과 뉴턴의 이론에 따른 예측이 서로 일치한다. 그러므로 대부분의 경우에는 단순한 뉴턴의 중력을 적용하는 것으로 충분하다. 하지만 아무리 중력이 약한 경우라 해도, 보다 정확한 값을 얻으려고 하면 아인슈타인의 일반 상대성 이론을 적용시킬 필요가 있다.

태양과 가장 가까이에 있는 행성인 수성은 태양으로부터 오는 중력의 영향을 크게 받는다. 따라서 수성의 공전 궤도를 설명할 때에는 반드시 일반 상대성 이론을 적용한다.(수성의 공전 궤도를 관찰하고 계산하는 실험은 아인슈타인 이론이 옳다는 것을 증명한 고전적인 예들 중 하나이다.)

이처럼 중력이 클 때는 일반 상대성 이론을 빼놓고 생각할 수 없다. 또 우주의 역사를 연구하는 우주론과 지금 이 책에서 다루고 있는 블랙홀을 설명할 때에도 일반 상대성 이론이 중요하기는 마찬가지이다.

블랙홀은 왜 검은색인가?

미첼과 라플라스가 주장했던 검은 별이라는 개념은 뜻밖에도 일반 상대성 이론의 방정식을 통해 다시 나타난다. 그리고 서서히 검은 별이 블랙홀이란 개념으로 물리학에서 자리잡기 시작했다.

검은 별의 부활에서 블랙홀의 탄생으로 이어지는 과정이 이처럼 느렸던 이유는 무엇일까? 그것은 물리학자들조차도 검은 별 이론을 제대로 이해하기까지 수십 년이 걸렸기 때문이다.

1968년 마침내 휠러가 '블랙홀'이라는 말을 처음으로 쓰게 되었다. 그런데 중요한 것은 일반 상대성 이론을 바탕으로 한

● ● ●

수성의 공전 궤도 변화 수성은 태양 주변을 돌면서 매년 똑같은 타원 궤도를 그리지 않는다. 수성과 태양이 가장 가까워지는 근일점이 해마다 조금씩 이동하기 때문이다. 뉴턴의 이론으로는 이런 현상을 완전하게 설명할 수 없었기 때문에 사람들은 태양 건너편에 또 다른 행성이 숨어 수성의 궤도에 영향을 준다고 생각했다. 하지만 일반 상대성 이론을 적용하면 수성 공전 궤도의 변화를 완벽하게 설명할 수 있게 된다.

아인슈타인은 중력이 공간을 휘게 만든다는 사실을 간파했다.

'블랙홀'이 미첼과 라플라스가 말한 검은 별과는 매우 다르다는 사실이다. 휠러는 미첼과 라플라스가 미처 몰랐던 시공간이 휘는 현상을 다루고 있기 때문이다.

물질의 밀도가 높으면 높을수록 시공간은 더 많이 휘어진다. 그리고 이런 시공간에서는 곡면 위에서 입자가 지나가는 가장 짧은 길인 측지선도 더 많이 휘게 된다.

어떤 별을 조금씩 압축시킨다고 상상해 보자. 이 경우에 별의 질량은 그대로인데 크기가 줄어들기 때문에 밀도가 증가하게 될 것이다. 그렇게 계속 압축시켜 가다가 별의 밀도가 어떤 결정적인 값, 즉 임계값*을 넘어서게 되면 시공간의 만곡은 측지선이 다시 별로 들어가 버리는 정도에 이른다. 달리 말해서, 별의 표면에서 나온 빛의 입자(광자)가 다시 표면으로 빨려 들어가게 된다는 얘기다. 따라서 빛은 임계값을 넘어설 정도로 압축된 별에서는 더 이상 빠져나올 수가 없다. 바로 블랙홀이 만들어진 것이다!

일반 상대성 이론에 따르면, 중력이 임계값을 넘어설 정도

● ● ● ●

임계값 임계값은 그 값을 경계로 큰 차이가 나는 경우를 말한다. 블랙홀과 관련된 임계값은 부피가 0이 되고 밀도는 무한대에 이르는 순간의 값을 말한다.

로 강해질 경우에는 별이 중력 때문에 스스로 붕괴된다. 그리고 모든 물질은 무한대의 밀도를 지닌 한 점, 즉 특이점이라 불리는 영역으로 압축된다. 특이점이라는 이름은 그것이 현재의 물리학으로 설명하기에는 한계가 있는 특이한 물체라는 뜻이다. 특이점에 대해서는 뒤에 가서 다시 얘기할 것이다.

블랙홀이 형성될 수 있는 한계는 일반적으로 슈바르츠실트 반지름이라는 형태로 표현된다. **슈바르츠실트 반지름**은 1915년에 슈바르츠실트°가 일반 상대성 이론을 바탕으로 천체 주변의 시공간 구조를 계산해 낸 데서 비롯된 명칭이다.

슈바르츠실트 반지름은 고려 대상이 되는 물체의 질량에 의해 좌우된다. 태양의 경우에 그 값은 3킬로미터이다. 그러므로 이론적으로는 태양을 블랙홀로 만들려면 반지름이 3킬로미터가 안 되는 구로 압축시키면 된다. 태양보다 질량이 훨씬 작은 지구는 슈바르츠실트 반지름이 1센티미터밖에 되지 않는다.

우리가 흔히 빛조차 블랙홀에서 **빠져나올** 수 없다고 할 때, 이는 블랙홀의 내부와 외부를 나누는 경계가 있음을 전제로 한

● ● ● ●

칼 슈바르츠실트(1873~1916) 독일의 천체 물리학자로 천체 사진 관측술을 개척했다. 블랙홀 이론의 기초를 닦았고, 이론 물리학과 상대성 이론의 발전에 중대한 공헌을 했다.

것이다. 이런 경계를 가리키는 말이 바로 **사건의 지평선**이다. 🍎
이 지평선은 슈바르츠실트 반지름을 가진 가상의 구가 이루고
있는 경계라고 할 수 있다. 현재까지는 일단 이곳을 넘어선 우
주 영역과는 어떤 소통도 불가능한 것으로 알려져 있다. 다시
말해서, 우리는 그 영역에서 오는 어떤 메시지도 받을 수 없고,
그 영역에서 어떤 일이 벌어지고 있는지 볼 수도 없다.

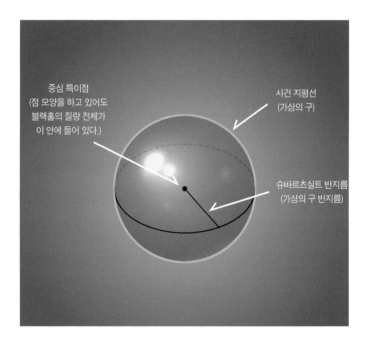

블랙홀을 간단히 나타낸 그림이다.
이 그림으로는 블랙홀 주변의 시공간이 휘는 현상을 설명할 수 없다.

사건의 지평선에 따른 효과를 알기 위해, 한 우주선에서 자동 관측 장치를 블랙홀로 보냈다고 상상해 보자. 이 장치는 블랙홀 안으로 들어가면서 멀리 떨어져 있는 우주선으로 파란색의 광신호를 보내게 되어 있다. 아마도 우주선의 관측자들에게는 이 장치가 블랙홀에 다가갈수록 속도가 점점 느려지더니 사건의 지평선에서는 거의 정지한 것처럼 보일 것이다. 결국 이 관측자들은 관측 장치가 사건의 지평선을 넘는 것을 절대 보지 못한다.

이때 관측 장치가 우주선으로 보내는 광신호들 사이의 시간 간격에도 변화가 생긴다. 그 간격은 점점 더 길어지다가 관측 장치가 사건의 지평선에 다다랐을 때에는 무한대로 길어질 것이다. 또 그와 동시에 관측자들이 볼 수 있는 광신호의 색깔도 점점 바뀌게 된다. 처음에는 파란색이었던 신호는 초록색이 되고, 이어서 노란색에서 빨간색으로 바뀌다가, 결국엔 보이지 않게 되는 것이다.

사건의 지평선을 넘을 수 있을까?

관측자들이 결코 볼 수 없는 사건의 지평선 너머에서는 무슨 일이 벌어지고 있는 것일까?

아마도 관측 장치는 사건의 지평선을 넘어선 순간 블랙홀 안으로 엄청난 속력으로 빨려 들어갈 것이다. 그리고 특이점의 굉장한 중력 때문에 으스러지면서 최후를 맞을 것이다.

관측 장치에서 오는 광신호는 시계가 똑딱거리는 소리와 비슷하다. 따라서 우주선의 관측자들은 자신들이 지각하는 시간을 관측 장치가 보내는 신호와 비교할 수 있다. 즉, 자신들의 **고유 시간**을 관측 장치에서 흐르는 시간인 **겉보기 시간**과 비교하는 것이다.

일반 상대성 이론에 따르면, 겉보기 시간은 질량이 큰 물체에 가까이 갈수록 더 느리게 흐른다. 이 말은 질량이 큰 물체를 멀리에서 보면, 그 주위에서는 시간이 더디게 흐르는 것처럼 보인다는 뜻이다. 따라서 우주선의 관측자들은 관측 장치에서 보내는 신호의 간격이 점점 길어지는 듯한 느낌을 받게 된다. 그에 반해 관측 장치에 사람이 타고 있었다면, 이 사람의 기준에서는 블랙홀로 떨어지는 시간이 고유 시간에 묶여 있다. 따라서 관측 장치에 탄 사람이 느끼는 시간은 질량이 큰 물체로부터 어떤 영향도 받지 않는다.

관측 장치의 빛이 빨간색 쪽으로 옮겨가는 것을 두고 '중력 적색 편이'라고 부른다. 이것은 고유 시간과 겉보기 시간에 차이가 생기면서 나타나는 현상이다. '중력 적색 편이'에서 색깔이 바뀐다는 것은 광선의 진동수가 바뀐다는 뜻이다. 다시 말해서, 전자기장이 1초당 진동하는 횟수가 바뀌는 것이다.

우리가 눈으로 볼 수 있는 빛의 영역에서는 파란색의 진동수가 가장 크고, 빨간색의 진동수가 가장 낮다. 그리고 관측 장치는 원래 파란색에 해당하는 진동수를 가진 빛을 내놓게 되어 있다.

하지만 관측 장치가 블랙홀에 가까이 갈수록 관측 장치의 겉보기 시간 1초가 고유 시간 1초보다 더 길어진다. 따라서 우주선의 관찰자들은 빨간색으로 바뀐 광신호를 받게 된다. 특히 관측 장치가 사건의 지평선에 가까워질수록 '중력 적색 편이'가 무한대로 일어나 관측자들은 더 이상 어떤 광신호도 받을 수 없게 된다.

블랙홀과 검은 별은 어떻게 다른가?

앞에서 우리는 탈출 속도가 빛의 속도보다 큰 별을 두고 검은 별이라고 했다. 이는 검은 별이 충분히 큰 중력을 가지고 있다는 뜻이다. 다시 말해, 어떤 질량을 가진 별의 반지름이 그 질량에 비해 아주 작다는 뜻이기도 하다. 만일 이 별의 반지름을 중력에 관한 뉴턴의 공식으로 구해 보면, 아마 슈바르츠실트 반지름과 같거나 더 작을 것이다.

그렇다면 과연 뉴턴의 이론과 아인슈타인의 이론은 서로 일치하는 것일까? 이들 두 이론이 검은 별과 블랙홀에 대해 동일한 임계 반지름을 예측하고 있으니까 말이다. 하지만 우리는 여기에서 뉴턴이 중력에 대해 전반적으로 잘못 이해하고 있다는 사실을 기억해야 한다.

우선, 검은 별은 슈바르츠실트 반지름보다 더 작은 반지름인데도 상태가 더 이상 나빠지지 않는다. 그런데 일반 상대성 이론에 따르면, 이런 별은 반드시 스스로 붕괴한다.

또 검은 별에서는 별의 표면에서 나온 광자가 슈바르츠실트 반지름을 막 넘어서는 영역(일반 상대성 이론에서 말하는 사건의 지평선이다.)을 지나 일단 바깥으로 빠져나온다. 그리고 이 광자는 포물선 궤도를 그리면서 다시 별의 표면으로 떨어진다. 즉, 충분히 가까이에서 관찰하기만 한다면 검은 별이 내놓는 빛을 얼마든지 볼 수도 있다는 얘기다. 하지만 일반 상대성 이론에 따르면, 블랙홀에서는 아무것도 빠져나올 수 없다. 그러므로 검은 별은 일반 상대성 이론의 논리적 타당성에 어긋나므로 실제로 존재하지 않는다고 보아야 한다.

블랙홀은 어떻게 생겨나는가?

천체 물리학자들은 별의 죽음에 대한 연구를 하다가 블랙홀에 관심을 가지게 되었다. 여기서 별의 죽음이란 별 스스로 가지고 있던 연료가 다 떨어져 더 이상 빛을 낼 수 없게 되는 순간을 말한다.

보통 별의 마지막 상태는 초기 질량에 따라 세 가지 경우로 나뉜다. 즉, 초기 질량이 태양 질량의 8배 미만인 경우, 8배 이상 25배 미만인 경우, 25배 이상인 경우이다. 별은 질량이 이 세 경우 중 어디에 속하느냐에 따라 죽어가는 모습이 달라질 뿐만 아니라 이름도 달라진다. 이제 곧 자세히 살펴보겠지만, 첫 번째 경우는 백색 왜성, 두 번째 경우는 중성자별, 그리고 세 번째 경우가 바로 블랙홀이다.

별은 스스로 빛을 내는 뜨거운 가스 덩어리이다. 별은 핵융합을 통해 에너지를 만들어 낸다. 별의 중심은 온도가 몹시 높아 수소나 헬륨 같은 가벼운 원소가 탄소나 산소 같은 무거운 원소로 융합되는 반응을 일으킨다. 그리고 이 반응에서 나온 엄청난 양의 에너지가 별을 가열한다. 그러면 열을 받은 별은 팽창하려 하고, 이때 별의 여러 부분에 작용하는 중력이 팽창 경향을 억제하지 못하면 폭발하게 된다. 따라서 별이란 중력이 폭발하려는 가스의 압력을 상쇄시키며 균형을 이루고 있는 상태라고 할 수 있다.

별에서 융합 반응이 일어나 합성되는 원소가 무거울수록(탄소는 헬륨보다 더 무겁고, 헬륨은 수소보다 더 무겁다.) 반응을 하는 데 더 높은 온도가 필요하다. 별은 일생의 대부분을 수소를 헬륨으로 융합하며 지낸다. 그러다가 수소가 바닥나면 별의 온도는 일시적으로 떨어지고, 그 결과 가스의 압력도 떨어진다. 이 순간부터 별의 중력이 가스의 압력보다 세져 별의 중심을 수축시킨다. 이런 수축으로 인해 별의 온도가 다시 올라가면, 헬륨이 탄소로 융합되는 새로운 반응이 시작된다. 또 이런 반응이 일어날 때 방출된 에너지는 별 바깥층을 부풀게 한다.

태양과 같은 별의 경우에는 헬륨이 모두 탄소로 융합되고 나면 반응이 멈출 것이다. 새로운 수축을 통해 탄소를 다시 그보다 큰 원소로 합성시킬 수 있을 만큼 태양의 질량이 크지 않기 때문이다. 태양의 중심은 아주 뜨겁고 극도로 밀집된 상태이다. 태양 질량의 절반을 지구와 비슷한 부피 속에 가두어 놓았다고 보면 된다. 즉, 약 1톤을 1세제곱센티미터 안에 넣었다는 얘기다! 그런 밀도에서는 가스 압력만으로 별의 중력과 균형을 이룰 수 없다. 이때 중력과 균형을 이루는 힘은 전자가 작용하는 양자 역학적인 성질의 압력, 즉 **축퇴 압력**[*]이다.

축퇴 압력은 중력에 따른 압축이 어떤 한계를 넘으면서 전자들이 거의 무한대에 가까운 저항을 하고 있는 것이다. 수만 년의 시간이 흐르는 동안 이런 축퇴 압력이 계속되면 별의 바깥층은 우주 공간으로 날아가 버리고 별의 중심이 드러난다. **백색 왜성**이 생겨난 것이다. 백색 왜성은 천천히 식어가는 별이기 때문에 점점 빛도 사라지게 된다.

질량이 태양의 8배 이상인 별의 경우에는 헬륨이 탄소로 모두 융합된 후에도 융합 반응이 계속된다. 이런 별에서는 탄소가 산소로, 산소는 네온으로, 네온은 마그네슘으로, 마그네슘은 규소로, 그리고 마지막으로 규소는 철로 융합된다. 원소가 무거우면 무거울수록 더 뜨겁고 깊은 층에서 합성되고, 융합 반응을 통해 내놓는 에너지는 적어진다. 이런 관점에서 볼 때 철이 그 한계에 해당된다. 철은 더 큰 원소로 융합해도 아무런 에너지를 방출하지 않기 때문이다.

별의 중심에서 철의 비율이 높아지면 온도가 떨어진다. 온도가 떨어지면 가스의 압력이 낮아져 더 이상 중력을 버틸 수

● ● ●

축퇴 압력 전자 하나가 차지해야 하는 공간은 양자 역학적으로 일정하다. 따라서 그보다도 작은 공간에 두 개 이상의 전자가 몰리게 되면 전자들 사이에 서로 밀어내는 힘이 생긴다. 이런 힘에 따른 압력을 축퇴 압력이라고 한다.

없다. 그 결과 중력이 우세하게 작용하면서 별은 스스로 천재 지변적인 붕괴를 일으키고 만다. 이 순간 별의 중심 물질의 밀도가 갑작스럽게 아주 높아지는데, 그로 인해 원자핵이 양성자와 중성자로 분리된다. 그리고 양성자가 압축의 영향을 받아 전자를 흡수하면 더 많은 중성자가 만들어진다.

별의 중력 때문에 안쪽을 향해 작용하는 힘은 100만 톤을 1세제곱센티미터에 담는 것과도 같은 세기이다. 이 힘은 별의 중심이 엄청난 밀도에 이를 때까지 계속되면서 중성자들을 밀착시킨다. 이 단계에 이르면 중성자는 전자와 마찬가지로 축퇴압력을 만든다. 그리고 이 압력은 상상을 초월하는 강렬한 폭발을 일으킨다. **초신성**이라는 이름으로 알려진 이 폭발은 1초 정도밖에 지속되지 않지만 우주에서 가장 큰 에너지를 내는 사건 중의 하나이다.

초신성은 며칠 동안 자신이 속해 있는 은하 전체와 맞먹을 정도로 밝은 빛을 낸다.(은하란 중력에 의해 함께 묶여 있는 수많은 별들의 집단을 말한다.) 하지만 초신성 폭발이 별을 완전히 파괴하는 것은 아니다. 극도로 밀집된 별의 중심들 중에는 초신성 폭발에도 살아남는 것이었다. 이렇게 살아남은 별의 중심을 **중성자별**이라 한다. 중성자별은 1억 톤의 중성자를 지름이 20킬로미터밖에 되지 않는 공에 담아 놓은 것이라고 할 수 있다. 즉, 백색 왜성보다 밀도가 무려 10억 배나 크다!

　이론적으로 계산해 볼 때, 중성자별의 질량이 태양 질량의 약 3배 이하인 경우에만 중성자의 축퇴 압력이 중력을 견딜 수 있다. 그런데 초기 질량이 태양 질량의 25배 이상 되는 별은 그 한계를 뛰어넘게 된다. 현재까지는 이런 별의 중력에 저항할 수 있는 것은 없는 듯하다. 따라서 이런 별의 중심이 슈바르츠실트 반지름보다 작은 반지름을 가진 공 모양으로 급속히 수축되면 블랙홀이 될 것으로 보인다. 게다가 이런 수축은 슈바르츠실트 반지름에 이르는 임계 한계를 넘긴 후에도 모든 물질의 부피가 0이 될 때까지 계속될 것이다. 결론적으로 말하면, 질량이 아주 큰 별이 죽음에 이르는 과정에서 블랙홀이 생긴다고 할 수 있다.

2

블랙홀은 우주에
어떤 모습으로 퍼져 있을까?

어떻게 블랙홀을 볼 수 있을까?

백색 왜성은 제법 밝아서 망원경으로 볼 수 있다. 현재까지 많은 백색 왜성이 실제로 관측되었다. 하지만 중성자별은 직접 관측하기에는 빛이 너무 희미하다. 그래도 상당수의 중성자별은 특징적인 라디오파*를 방출하므로 그 존재를 확인할 수 있다.

그렇다면 블랙홀은 어떨까? 블랙홀의 존재를 증명할 수 있는 관측 자료라도 있는 것일까? 물론 있다. 하지만 대부분은

● ● ●

라디오파 3000기가헤르츠 이하의 주파수 영역을 가진 전자기파를 통틀어 부르는 말이다.

블랙홀 주위의 상황이 블랙홀의 존재를 드러낸다. 즉, 블랙홀을 간접적으로 확인할 수 있다는 얘기다.

블랙홀 주변을 관찰해 보면, 사건의 지평선 바깥에서는 일반 상대성 이론과 뉴턴의 이론에서 보는 중력이 그다지 다르지 않게 적용된다. 뉴턴의 중력을 사용해도 일반 상대성 이론을 사용했을 때와 대략 비슷한 결과가 나오기 때문이다.

뉴턴의 이론에 따르면, 블랙홀은 중력으로 주위의 물체들을 끌어당긴다. 이때 블랙홀이 물체를 끄는 힘은 블랙홀과 같은 질량을 가진 별의 중력과 같다. 즉, 블랙홀 가까이에 있는 물체는 블랙홀의 엄청난 중력 때문에 블랙홀 내부로 끌려 들어간다. 결과적으로 주변 물체를 집어삼킨 블랙홀은 전체 질량이 늘어나고, 중력도 그만큼 더 커진다.

앞에서 말했듯이 블랙홀의 반지름(슈바르츠실트 반지름)은 질량과 함께 커진다. 따라서 물질이 블랙홀 내부로 떨어지면 블랙홀도 커지게 되는 것이다.(하지만 중심에 있는 특이점은 어떤 일이 일어나든 간에 점의 형태로 남아 있다.) 블랙홀은 이렇게 커져 감에 따라 중력도 점점 세져 주변의 물질들을 더욱더 많이 집어 삼키게 될 것이다. 결국 블랙홀이란 물질을 '게걸스럽게 먹어 치우는' 천체라고 상상할 수 있다.

블랙홀로 빨려 들어가는 물질은 소용돌이를 그리면서 그 속으로 떨어진다. 이때 물질의 양이 아주 많으면 그 물질은 블랙홀 주위에서 둥글고 납작한 **강착 원반***을 이룬다. 블랙홀로 떨어질 때 이 원반의 물질 입자들에는 아주 **빠른** 속도가 붙게 되고, 입자들 사이에 엄청난 마찰이 생긴다. 그 결과 원반의 온도가 아주 높게 올라가면서 강한 X선 형태의 빛이 방출된다. 이런 현상은 블랙홀 관측 자료에서 쉽게 찾아볼 수 있다.

가끔 블랙홀로 끌려 들어온 물질이 강착 원반과 수직을 이루면서 제트 형태로 분출되는 현상*이 생기기도 한다. 그런데 주의해야 할 것은, 이때 분출되는 물질은 블랙홀 내부에서 나오는 게 아니라(블랙홀 내부에서는 아무것도 빠져나올 수 없다.) 바로 강착 원반에서 솟구쳐 나오는 것이다. 이 또한 블랙홀의 존재를 알려 주는 주요한 현상 중 하나이다.

• • •

강착 원반 이중성을 이루는 두 별 중 하나가 블랙홀이 되면, 나머지 별의 가스층은 블랙홀 쪽으로 빨려 들어간다. 이때 블랙홀 주위에 생기는 가스 원반을 강착 원반이라 한다.

제트 현상 블랙홀 주변은 블랙홀의 중력과 주변의 별에서 빨려 들어가는 가스의 압력으로 엄청난 고압 고온의 상태가 된다. 이런 고에너지 상태에서 가스는 팽창하려고 한다. 하지만 블랙홀 주변의 강착 원반 면은 이미 가스로 가득 차 있어서 가스가 팽창할 수 있는 유일한 방향은 원반 면에 수직인 방향밖에 남지 않으며, 결국 가스는 이 방향으로 분출된다.

강착 원반이나 제트 현상으로 블랙홀의 존재를 알 수 있다.

동반성이 블랙홀을 보여 주는가?

조밀한 상태의 이중성은 강한 X선을 방출해 블랙홀의 존재를 알려 주는 것도 있다. 그렇다면 이중성이란 무엇일까? 그것은 두 별이 중력으로 묶여 짝을 이룬 상태로 태어나고 진화하는 시스템을 가리키는 말이다. 오늘날 우주의 별들 중 3분의 2는 이런 이중성을 이루고 있는 것으로 보인다.

서로 다른 질량을 가진 두 개의 별 A와 B가 가까운 거리에서 돌고 있는 이중성이라고 상상해 보자. 이들 중에서 질량이 큰 A별은 훨씬 더 빨리 진화해 블랙홀을 만들 것이다. 그에 반해 질량이 작은 B별은 조용히 별 내부에서 수소를 융합해 헬륨을 만들고 있을 것이다. 이때 A별이 진화해서 이루어진 블랙홀과 아주 가까운 곳에 B별이 있게 된다. B별과 A별은 가까이 있는 이중성이기 때문이다. 따라서 A별이 진화한 블랙홀의 중력은 B별의 가스를 끌어들이게 된다. 그러면 B별의 가스는 강한 X선을 방출하는 강착 원반의 형태를 이루며 이 블랙홀로 빨려 들어가고 만다.

그런데 멀리서 이런 이중성을 관측하는 천문 물리학자는 동반성˚인 B별밖에 볼 수 없다. 강착 원반을 형성하면서 강한 X선을 방출하는 A별은 보이지 않으므로 그 정체가 의심스러울

뿐이다. 이론적으로는 중성자별 역시 블랙홀처럼 X선을 방출할 수도 있기 때문이다.

그렇다면 A별은 중성자별일까, 아니면 블랙홀일까? 다행히도 이중성에서는 동반성의 공전 주기와 궤도 반지름을 바탕으로 보이지 않는 별의 질량을 측정할 수 있다. 이때 보이지 않는 별의 질량이 중성자별이 이론상 가질 수 있는 최대 질량을 넘어서면, 즉 태양 질량의 3배 이상이면 그 별은 확실히 블랙홀이다.

백조자리 X-1(시그너스 X-1)˙과 같은 이중성에서는 보이지

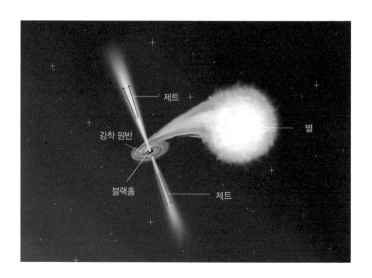

백조자리 X-1

않는 별의 질량을 계산한 결과, 태양 질량의 10배가 넘었다. 따라서 그 별은 블랙홀일 수밖에 없는 것이다.

은하 블랙홀은 항성 블랙홀과 어떻게 다른가?

활동성 은하°의 중심을 '활동성 은하핵'이라고 한다. 이곳에서는 아주 짧은 주기로 변하는 강한 X선이 방출된다. 여기서 주기가 짧다는 것은 X선이 방출되는 영역이 매우 좁다는 것을 뜻한다. 왜 그럴까? 만약 X선이 넓은 영역에서 발생한다면, 방

● ● ● ●

동반성 이중성을 이루는 별 중 광도가 낮은 별. 망원경으로 볼 수 있는 광학 이중성에서는 보통 무겁고 밝은 별을 주성이라 하며 A로 나타내고, 가볍고 어두운 별을 동반성이라 하며 B로 나타낸다.

백조자리 X-1 백조자리는 프톨레마이오스가 만든 48개 별자리 중 하나이다. 백조 자리의 별들 중에서 γ성과 β성 사이에 블랙홀이 있는 것으로 보이는데, 이것을 백조자리 X-1이라고 한다. 백조자리 X-1은 높은 에너지의 X선을 방출하며 며칠에 한 번씩 밝기가 변하고 있다. 이중성을 이루고 있는 두 개 별 중 하나가 동반성의 대기를 흡수하면서 블랙홀 효과를 나타내는 것으로 보인다.

활동성 은하 망원경을 통해서 보이는 수백만 개의 은하들 가운데 정상을 넘어서는 활동을 보이는 은하들을 활동성 은하라고 한다. 활동성 은하가 보여 주는 갖가지 현상은 대부분 활동성 은하핵이라 불리는 중심 영역에서 발생한다.

출되는 X선이 그만큼 긴 시간 동안 변화할 수밖에 없다. 그리고 넓은 영역에서 어떤 일이 일어난다면 그 일이 다른 부분에 전파되는 데 시간도 더 걸릴 것이다.

한편, X선을 방출하는 영역의 질량은 태양 질량의 수백만 배에서부터 수십억 배까지 이른다. X선 방출 주기로 보아 좁은 영역으로 보이는 은하 중심의 질량이 이처럼 크다는 것은 무슨 의미일까? 바로 은하 중심이 블랙홀이라는 이야기이다. 은하 중심처럼 어마어마한 질량을 가진 블랙홀을 '초거대 블랙홀' 혹은 '은하 블랙홀'이라고 부른다.

은하 블랙홀도 질량이 큰 별이 죽은 뒤에 생긴 블랙홀인 '항성 블랙홀'과 마찬가지로 가끔 제트 현상을 일으킨다. 이런 제트 현상 때문에 활동성 은하핵에서 엄청난 에너지가 관측된다.

그런데 질량이 태양보다 수백만 배나 더 큰 은하 블랙홀은 어떻게 생겨나는 것일까?

은하의 중심에는 별들이 아주 높은 밀도로 모여 있다. 이곳의 밀도는 태양 주변에서 별들이 이루고 있는 밀도보다 약 1백만 배 정도 더 높다. 이렇게 높은 밀도로 모여 있는 별들 중에서 질량이 큰 별이 가장 먼저 진화해 블랙홀이 될 확률이 높다. 그리고 일단 블랙홀이 되고 나면 주변의 풍부한 물질(별, 가스, 먼지 등)을 빨아들여 급속도로 커진다. 그러다가 주변의 또 다른 블랙홀과 융합하면 더 큰 블랙홀이 되는 것이다. 더 큰 블랙홀은 또 다시 주변 물질을 흡수하고……. 이런 식으로 블랙홀이 계속 커지면서 초거대 블랙홀, 즉 은하 블랙홀이 생겨난 것으로 추측한다.

우리 은하의 중심도 블랙홀일까?

과연 활동성 은하만이 중심에 초거대 블랙홀을 가지고 있을까? 그렇지는 않을 것이다. 오늘날 천체 물리학자들은 우리 은하[●]처럼 평온해 보이는 은하에도 블랙홀이라는 '괴물'이 숨어 있을 거라고 추측한다.

지난 10여 년간 우리 은하의 중심에 대한 관측이 이루어지

● ● ●

우리 은하 태양계가 속해 있는 은하로서, 우리가 속해 있기 때문에 간단히 '은하' 또는 '은하계'라고도 부른다. 우리 은하는 1천억 개가 넘는 별과 기타 물질로 이루어져 있으며 반지름이 5만 광년이 넘는 거대한 원반 모양이다. 두께는 상대적으로 얇은 편이지만 중심이 볼록해서 전체적으로 볼록 렌즈의 모습이다. 천왕성을 발견한 허셜은 태양계가 우리 은하의 중앙에 있는 것으로 믿었으나, 실제로 태양계는 우리 은하의 중심으로부터 약 3만 광년이나 떨어진 곳에서 약 2억 년을 주기로 공전하고 있는 것으로 밝혀졌다.

면서 그 주위 별들의 운동도 비교적 정확히 측정할 수 있었다. 우리 은하의 중심에 있는 별들은 보이지 않는 어떤 물체 주위로 타원을 그리며 운동하고 있다고 한다. 궁수자리 A*라는 이 물체의 질량은 태양 질량의 370만 배에 달한다. 그런데 그 크기는 지구와 태양 사이 거리의 10배, 즉 15억 킬로미터를 넘지 않는다. 이런 사실들로 보았을 때 궁수자리 A*는 초거대 블랙홀일 가능성이 아주 높다.

궁수자리 A*가 엄청난 질량에도 불구하고 작은 물체로 남아 있을 수 있는 이유는 무엇일까? 그것은 사건의 지평선이 작기 때문이다. 궁수자리 A*에서 볼 수 있는 사건의 지평선 반지름은 지구와 태양 사이 거리의 50분의 1, 즉 3백만 킬로미터 정도이다.

그렇다면 궁수자리 A*가 지구도 집어 삼키지는 않을까? 다행히 태양계가 은하의 중심에서부터 약 2만 5천 광년(25만조 킬로미터)이나 떨어진 곳에 있는 만큼, 지구가 궁수자리 A*에 빨려 들어가지는 않을 것이다.

● ● ●

궁수자리 A* 지구에서 2만 6천 광년 떨어진 곳에 있다. 주변의 별들을 시속 1억 8천 킬로미터의 속력으로 회전시키는 블랙홀이다.

태양계 외곽에 항성 블랙홀이 있을 수도 있다. 하지만 그 역시 지구를 빨아들일 만큼 가까운 거리에 있는 것은 아니다. 태양계에서 가장 가까운 항성인 켄타우루스자리[*]의 프록시마가 4광년(40조 킬로미터)이나 떨어져 있으니까 말이다. 게다가 항성 블랙홀의 중력은 블랙홀이 되기 전 원래의 별이 가지고 있던 중력과 같기 때문에 아무런 위험이 없다. 그러므로 아무리 블랙홀이 '우주의 진공 청소기'라 하더라도, 가까운 미래에 지구가 이 괴물에게 빨려 들어갈까 봐 걱정할 필요는 없다.

중력파는 우주를 향해 열린 새로운 창인가?

뉴턴의 중력 이론에 따르면, 질량을 가진 물체의 중력은 주변의 다른 물체들에게 즉각적으로 영향을 끼친다. 가령 태양이 갑자기 사라진다면 지구는 즉시 공전 궤도를 이탈하게 된다.

그에 반해 일반 상대성 이론에서는 중력이 빛의 속도로 전

● ● ● ●

켄타우루스자리 그리스 신화에 나오는 상반신은 인간이고, 하반신은 말의 모습을 하고 있는 켄타우로스의 이름을 딴 별자리로, 바다뱀자리와 남십자자리 사이에 있다. 6월 초순에 자오선을 통과한다.

달되므로, 지구는 태양이 사라지고 8분 뒤에 공전 궤도를 이탈한다. 태양의 표면에서 나온 빛이 지구에 도착하는 데 8분이란 시간이 걸리기 때문이다. 이런 현상을 좀 더 일반적으로 말하면, 시공간의 기하학은 질량 분포의 변화에 따라 변한다. 그리고 이런 변화가 빛의 속도로 퍼져가는 것을 **중력파**라 부른다. 아직까지 중력파는 직접적으로 탐지된 적이 없다. 하지만 테일러와 헐스가 중력파의 존재를 간접적으로 증명했고,[*] 그 공로로 1993년에 노벨상을 수상했다.

만약 중력파 탐지기만 있다면 중성자별이 블랙홀에 흡수되는 것이나 두 개의 블랙홀이 합쳐지는 것과 같은 천재지변적인 사건을 관측할 수도 있을 것이다. 유럽과 미국은 각각 비르고 프로젝트[*]와 리고 프로젝트[*]를 통해 그런 탐지기를 이미 완성한 단계에 있다.

● ● ●

중력파에 대한 간접적인 증명 상대성 이론의 설명대로라면 서로 가까이에 있는 이중성은 중력파를 방출하면서 에너지를 점차 잃게 되고, 이와 함께 공전 에너지가 줄어듦에 따라 공전 주기도 점차 짧아져 서로 가까워지게 된다. 테일러와 헐스는 이중성 펄서 PSR1913+16에 대한 관찰을 통해 그 공전 주기가 매년 100만 분의 75초씩 짧아지고 있다는 것을 확인했고, 이를 통해 중력파의 존재를 간접적으로 증명했다.

비르고 프로젝트 독일의 국립 정보 기술 센터와 스위스의 제네바 대학 등 유럽의 10개 연구 기관이 협력해 시력을 가진 로봇 비르고를 개발하는 프로젝트이다.

이론적으로 볼 때 중력파의 이동은 공간을 어떤 한 방향으로 늘이고, 그 방향에 대한 수직 방향으로는 줄어들게 하는 결과를 낳는다. 따라서 중력파 탐지기는 이들의 미세한 길이 차이를 시각적으로 측정하기 위한 두 개의 팔이 서로 수직으로 달려 있다.

하지만 중력파를 측정하는 것이 얼마나 어려운지를 보여 주는 한 가지 사실이 있다. 즉, 두 개의 블랙홀이 합쳐지는 큰 사건으로 인해 팔 길이의 상대적인 변화가 아무리 커진다고 하더라도 그 값은 10^{-19}퍼센트라는 터무니없이 작은 값을 넘지 않는다는 것이다.

사실 하나의 탐지기만으로 파동이 어느 방향에서 오는지 확인하는 것은 어렵다.(이런 관점에서 보면 중력파의 탐지는 시각보다는 청각에 더 가깝다.) 하지만 여러 탐지기를 이용하면 그 파동이 시작된 위치를 추정할 수 있다. 예컨대 비르고와 리고가 기록한 신호를 조합해 삼각 측량법을 통해 분석하는 방법도 있다.

●●●●

리고 프로젝트 미국의 메사추세츠 공과 대학 등이 국립 과학 재단과 협력하여 추진 중인 천체 물리학 연구 프로젝트이다. 현재 리빙스턴 연구소와 핸포드 연구소로 분리되어 중력파 탐지 등의 활동을 하고 있다.

중력파 탐지기가 제 역할만 해 준다면 우리는 우주를 향해 열린 새로운 창을 갖게 되는 셈이다. 이 창 너머에는 수많은 흥미로운 발견거리들이 우리의 눈길이 닿기만을 기다리고 있다.

블랙홀은 회전하는가?

이론적인 차원에서 보면 블랙홀은 아주 단순한 물체이다. 비록 블랙홀을 만드는 물체의 구조는 복잡하다고 해도, 일단 블랙홀이 생긴 뒤에는 모든 것이 매우 단순해진다. 원래의 물체이 가지고 있던 독특한 특징들(형태, 자기장의 존재 여부 등)은 흔적도 없이 사라진다. 휠러는 블랙홀의 이런 속성을 "블랙홀은 머리카락이 없다."라는 짧은 말로 표현했다. 여기서 머리카락은 물체의 특성을 드러내는 모든 것을 상징적으로 비유한 것이다.

그런데 우리는 천체 물리학적 지식을 바탕으로 블랙홀의 주변 환경을 분석해 그것이 어떻게 만들어졌는지를 추측할 수 있다. 예를 들어, 이중성을 이루면서 태양 질량의 몇 배가 되는 블랙홀은 항성 블랙홀일 가능성이 크다.

어떤 주어진 시점에서 블랙홀의 특징을 결정하는 것은 단

세 가지이다. 바로 질량, 각운동량, * 그리고 전하량이다.

우선, 질량은 블랙홀의 크기를 결정하고, 그 크기는 슈바르 츠실트 반지름으로 측정할 수 있다. 여기서 잊지 말아야 할 것은, 블랙홀의 크기는 중심 특이점의 크기(정의상 제로에 해당하는)가 아니라는 사실이다. 보통 블랙홀의 크기는 사건의 지평선에 포함되는 영역의 크기를 말한다. 블랙홀이 물질을 더 많이 집어삼킬수록 그 영역은 더 커지게 된다.

둘째, 각운동량은 블랙홀 자체의 회전 속도와 관계가 있다. 각운동량이라는 변수는 물리학적으로 보존이 된다. * 따라서 블랙홀이 회전하는 물질에서 생겨난 것이라면, 블랙홀 자체도 역시 회전한다.

셋째, 전하량은 그다지 중요하지 않은 변수이다. 왜냐하면 블랙홀의 전하는 주변 환경에 따라 아주 빨리 중화되기 때문이다. 결국 전하를 띠는 블랙홀을 찾을 확률은 매우 적으므로 이런 블랙홀의 특성에 대해서는 자세히 다루지 않겠다.

● ● ●

각운동량 물체의 회전 운동의 세기를 나타낸다.
각운동량 보존 법칙 외부로부터 회전력이 작용하지 않는 한 회전체의 각운동량은 항상 일정하게 보존된다.

블랙홀의 회전은 블랙홀 근처의 시공간에 흥미로운 영향을 끼친다. 앞에서 말했던, 슈바르츠실트가 계산한 시공간의 기하학은 정지 상태의 블랙홀에 대한 것이다. 그런데 1960년대에 커[●]가 회전하고 있는 블랙홀에 대한 시공간의 기하학을 계산해냈다. 이 일로 오늘날도 회전하는 블랙홀을 두고 '커 블랙홀'이라고 부르게 되었다.

정지 상태의 블랙홀에서 관측할 수 있는 사건의 지평선은 구 형태이다. 그에 비해 회전하는 블랙홀은 원심력의 작용 때문에 길쭉해진 사건의 지평선을 가지고 있다. 지구가 회전 운동 때문에 약간 납작한 타원체를 이루고 있는 것처럼 말이다. 더욱 놀라운 것은, 블랙홀이 회오리바람처럼 주위 공간을 자신의 회전 운동에 끌어들인다는 사실이다. 따라서 사건의 지평선 위에 있는 공간은 블랙홀과 같은 속도로 돌게 된다. 물론 공간이 블랙홀에서 멀어질수록 점점 더 느리게 돈다.

● ● ● ●

로이 커(1934~) 뉴질랜드의 수학자이다. 일반 상대성 이론의 장 방정식을 풀었고, 회전하는 블랙홀을 수학적으로 증명하는 등 천체 물리학 발전에 크게 공헌했다.

블랙홀의 중심에는 무엇이 있을까?

블랙홀의 중심에는 '특이점'이 있다. 일반 상대성 이론에 따르면, 특이점은 크기가 0인 부피 안에 블랙홀의 엄청난 질량을 모두 담고 있다. 따라서 특이점의 밀도는 이론상으로 무한대인데, 이는 물리학적으로는 아무런 의미가 없다. 이처럼 무한대인 밀도 앞에서 일반 상대성 이론은 어떤 역할도 하지 못하기 때문이다. 결국 일반 상대성 이론으로 특이점을 연구하는 것은, 뉴턴의 중력으로 블랙홀을 연구하는 것처럼 논리적인 타당성에 어긋난 일이라고 할 수도 있다.

양자 역학은 극히 작은 영역에서 일어나는 일을 설명하는 현대 물리학 이론이다. 그렇다면 크기가 무한히 작은 특이점이 무엇으로 만들어졌는지를 이해하는 데에도 양자 역학이 좋은 도구가 될 수 있을까? 아쉽게도 그렇지 못하다. 양자 역학은 특이점처럼 중력이 엄청나게 강할 때에는 적용되지 않는다.

물리학자들은 중력에 대해 한계를 보이는 양자 역학의 문제점을 극복하고 특이점의 신비를 밝히기 위한 시도를 하고 있다. 바로 양자 역학과 일반 상대성 이론을 융합하려는 노력이다. 이처럼 새롭게 융합되는 이론을 두고 흔히 **양자 중력 이론** 이라고 부른다.

만일 양자 역학과 일반 상대성 이론을 융합하는 데 성공한다면, 우리는 우주를 모든 차원에서 완벽하게 설명할 수 있는 궁극적인 물리 이론을 갖게 되는 셈이다. 현재 우주의 기본적인 상호 작용(중력, 전자기력, 핵력)의 통합을 목적으로 하는 초끈 이론[*]이 그런 위치를 넘보고 있기는 하다. 하지만 아직은 해결해야 할 문제가 많이 남아 있다.

블랙홀의 특이점은 현대 물리학을 교묘하게 벗어나 사건의 지평선 너머에 숨어 있다. 그래서 우리는 아직도 그 특이점을 보지 못하고 있다. 이처럼 '알몸' 상태인 특이점을 관측할 수 없다는 사실을 **'우주 검열의 원칙'**이라고 부르기도 한다.

● ● ●

초끈 이론(superstring theory) 우주를 구성하고 있는 최소 단위가 입자가 아니라 끊임없이 진동하는, 매우 가느다란 끈이라고 보는 이론이다.

3

블랙홀의 미래는 어떻게 될까?

블랙홀을 빠져나갈 수 있을까?

얼핏 생각하기에 블랙홀의 경계인 사건의 지평선을 넘지 못할 이유가 없는 것 같다. 그것은 가상의 영역이니까 말이다. 하지만 그에 대한 대가를 치를 각오는 해야 한다. 왜냐하면 사건의 지평선을 넘어간 여행자는 다시 돌아올 수 없기 때문이다.

설혹 탐험 로켓이 사건의 지평선에 닿았다 하더라도 그 순간 받게 되는 기조력°의 영향 때문에 로켓은 심하게 변형되거나 파괴될 것이다. 쉽게 말하면, 사건의 지평선을 넘어선 탐험

● ● ●

기조력 어떤 물체가 질량이 큰 물체의 중력에 영향을 받을 때, 그 물체의 각 부분이 받는 중력에 차이가 생기는 정도이다.

로켓은 기조력 때문에 로켓의 각 부분이 서로 다른 세기로 끌어당겨지면서 일그러지거나 으스러지고 말 것이다.

예컨대 달의 기조력은 지구에 조석 현상, 즉 밀물과 썰물이 생기게 한다. 달을 향해 있는 지구의 면이 반대편보다 달의 인력을 더 크게 받으면 그곳의 바닷물이 달 쪽으로 쏠린다. 그래서 일시적으로 해수면이 더 높아지면서 밀물이 된다. 이에 반해 지구 반대편은 바닷물이 빠져나가 썰물이 된다.

태양은 달보다 멀리 떨어져 있지만 질량이 훨씬 더 크기 때문에 자구의 밀물과 썰물에 어느 정도 영향을 끼친다. 달의 기조력과 태양의 기조력이 같은 방향으로 지구에 작용할 때는 조수 간만의 차가 커지는 대조(大潮, 사리)를 이루게 된다. 그리고 두 기조력이 서로 반대로 작용할 때는 간만의 차가 작아지는 소조(小潮, 조금)를 이룬다.

블랙홀로 들어가는 로켓은 중심을 향해 잡아 늘이는 힘을 받게 된다. 게다가 그것만으로는 부족하다는 듯이 누르는 힘도 받게 된다. 이 힘은 로켓의 측면에 작용하는 중력(로켓을 블랙홀의 중심으로 향하게 하는 힘으로, 특히 로켓의 안쪽으로 향한다.)이다. 이런 현상을 일반 상대성 이론의 틀에서 설명하면, 기조력은 로켓의 여러 부분이 서로 다른 측지선을 따라서 서로 다른 가속으로 블랙홀의 중심을 향해 가게 만들고 있다. 로켓

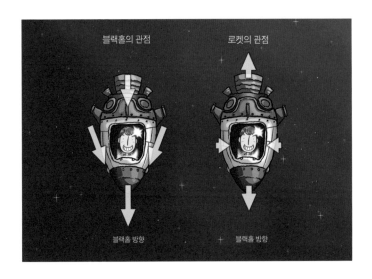

블랙홀의 관점　　　　　　　로켓의 관점

블랙홀 방향　　　　　　　　블랙홀 방향

기조력

이 특이점에 가까워질수록 기조력은 무한대까지 커지게 되고, 로켓은 산산조각나서 결국 블랙홀 탐험은 중단될 것이다.

블랙홀은 어딘가로 이어진 터널일까?

　물리학자와 공상 과학 소설가들은 블랙홀을 이용해 우주 여행을 할 수 있을지에 대해 많은 연구를 했다. 그 결과, 입구인 블랙홀과 출구인 **화이트홀**˚을 이어 주는, **웜홀**이라는 초공간 🍎

터널을 상상하게 되었다. 정말 그런 것이 가능하다면, 몇 킬로미터에 불과한 웜홀이 몇 광년 떨어져 있는 두 지점을 연결할 수도 있을 것이다.

여기서 주목할 만한 사실은 일반 상대성 이론의 방정식을 이용하면 웜홀 형태의 시공간을 답으로 구할 수 있다는 점이다.(그 풀이는 1916년에 발견되었다!) 물론 방정식의 해답이 곧 웜홀의 존재를 보장해 주는 것은 아니라 해도 말이다.

현재의 연구로는, 웜홀이 자연적으로 생길 경우에 수명이 극히 짧을 것으로 보인다. 따라서 블랙홀에 있는 사건의 지평선을 겨우 넘었다 해도 문제가 모두 해결된 것은 아니다. 극히 짧은 시간에 웜홀을 통과할 수 있어야 한다. 아니면 살아서 그곳을 통과할 수 있을 때까지 웜홀이 계속 열려 있게 하는 방법을 찾아야 한다.

● ● ● ●

화이트홀 블랙홀을 시간적으로 뒤집은 것이다. 웜홀을 중심에 두고 볼 때 화이트홀은 블랙홀과 반대쪽에 있다. 그러나 과학자들은 화이트홀의 수명이 매우 짧아 순식간에 블랙홀로 바뀔 것으로 예측하고 있다.

블랙홀은 새로운 우주를 향한 출구일 수 있다.

블랙홀에서 에너지를 얻을 수 있을까?

이론상으로 보면, 펜로즈*가 고안한 방법으로 회전하는 블랙홀에서 에너지를 꺼내는 것이 가능하다. 그 방법은 다음과 같다. 우선 무인 우주선이 블랙홀에 접근한다. 그리고 우주선에 싣고 있던 짐을 블랙홀에 역궤도로(블랙홀 회전과 반대 방향으로) 떨어뜨린다. 그러면 짐이 빨려 들어가면서 블랙홀의 회전 속도에 제동을 걸게 될 것이다. 그리고 이때 상실된 블랙홀의 회전 에너지는 우주선에 반작용 에너지로 작용하면서 가속을 주게 된다.

물리학자 미스너*와 손,* 휠러는 회전하는 블랙홀 주위에 도시를 건설하는 상상을 하기도 했다. 펜로즈가 말한 방식대로 에너지를 공급받는 도시 말이다. 즉, 우주선이 도시에서 나오는 쓰레기를 블랙홀에 떨어뜨리면 블랙홀의 반작용 에너지가

● ● ●

로저 펜로즈(1931~) 영국의 수학자이자 이론 물리학자이다. 수학과 우주론의 대가로서 우주에 관한 독창적인 아이디어와 이론들을 널리 펼쳤다.
찰스 미스너 현재 미국 메릴랜드 대학 교수이다. 우주가 초기에는 비균질적이었느나 팽창하는 과정에서 마찰력으로 미끄러워졌다는 믹스마스터 이론을 제창했다.
킵 손(1940~) 현재 미국 캘리포니아 공대 교수이다. 상대성 이론을 바탕으로 블랙홀과 시간 굴절에 대한 연구를 했다.

우주선의 거대한 회전 날개를 돌려 발전소의 터빈 역할을 하게
된다. 물론 이 발전소는 도시에 필요한 에너지를 공급할 것이
다. 쓰레기 재활용 문제에는 더할 나위 없는 해결책이라 하겠다!

블랙홀이 사라질 수도 있을까?

언젠가는 블랙홀이 사라질까? 놀라운 질문이다! 무엇이든
집어삼키는 속성으로 미루어 보아, 게걸스러운 블랙홀은 무한
히 커지기만 할 것 같다. 하지만 호킹*은 양자 역학적인 현상
을 고려해 볼 때 블랙홀이 사라질 수도 있다고 주장했다.

양자 역학에 따르면, 진공은 사람들이 생각하는 만큼 평온
한 상태가 아니다. 우리가 '진공'이라고 부르는 공간에서는 사
실 생성과 소멸이 끝없이 반복되고 있다. 다시 말해, 입자와 반

● ● ●

스티븐 호킹(1942~) 영국의 우주 물리학자로 케임브리지 대학의 석좌 교수이
다. 블랙홀이 검기만 한 것이 아니라 빛보다 빠른 속도의 입자를 방출한다는 새로
운 이론을 내놓았다. 현재 양자 역학과 상대성 이론을 통합하는 연구에 몰두하고
있다. 대표적인 저서로 『시간의 역사』, 『호두껍질 속의 우주』, 『블랙홀과 아기 우
주』 등이 있다.

입자[*]로 이루어진 쌍들이 생겨났다가 극히 짧은 수명을 다한 뒤 사라지고 있다.

이런 입자–반입자 쌍이 사건의 지평선 근처에서 생겨나면, 두 입자 중의 하나만 블랙홀로 떨어지고, 나머지는 우주로 달아나는 경우도 생길 것이다. 호킹의 계산에 따르면, 입자보다 반입자가 블랙홀로 떨어질 확률이 더 크다. 그 결과 블랙홀은 질량을 잃게 되고, 따라서 크기가 줄어들게 된다. 이런 식으로 블랙홀이 소멸되는 과정은 아주 천천히 진행된다. 단 질량이 아주 작은 블랙홀인 경우는 예외다.

그런데 사라지는 블랙홀이 정말 있기는 한 것일까? 호킹은 빅뱅,[*] 즉 우주 태초의 대폭발에서 질량이 아주 작은 블랙홀들이 생겨났을 거라고 본다. 바로 **원시 블랙홀**이다. 원시 블랙홀은 질량이 산 하나 정도밖에 안 되고, 크기는 원자핵에 가깝다. 따라서 앞에서 말한 소멸 과정이 이루어지기가 쉽다. 호킹의 이론에 따르면, 그 소멸은 (X선보다 에너지가 더 큰) 감마선 방출을 동반하는 폭발로 마무리 짓게 된다. 현재의 관측 사실로

● ● ●

반입자 반입자는 입자와 모든 점에서 동일하지만, 전하의 부호는 반대가 된다.
빅뱅 이에 대해 더 자세히 알고 싶으면 이 책의 시리즈인 『빅뱅은 정말로 있었을까?』를 참조하라.

는 원시 블랙홀에 대해 뭐라고 정확하게 결론 내릴 수 없다. 하지만 어쨌든 한 변의 길이가 1광년에 해당하는 정육면체의 우주 공간 안에 원시 블랙홀이 300개 이상은 들어갈 수는 없을 것으로 보인다.

양자 중력 이론이 블랙홀의 비밀을 밝혀낼 수 있을까?

이제까지 우주에 있는 물체는 거의 관측을 통해 발견되었다. 그런데 블랙홀은 순전히 인간의 상상력에서 출발하여 이론상으로 먼저 추측되고 확인되었다. 아직까지도 블랙홀을 직접 눈으로 본 사람은 없다. 하지만 오늘날 대부분의 사람들은 블랙홀의 존재를 더 이상 의심하지 않는다.

오늘날 블랙홀 이론은 어마어마한 에너지가 작용하는 우주의 신기한 현상을 설명할 수 있는 근거가 되고 있다. 이는 우주에서 블랙홀의 자리매김이 분명해졌기 때문이다. 이제 그 누구도 블랙홀이 질량이 아주 큰 별이 진화하는 마지막 단계이자, 은하 중심에 동력을 제공하는 엔진임을 의심하지 않는다.

블랙홀에 대한 연구는 일반 상대성 이론에 대한 우리의 이해를 한 발 더 나아가게 했다. 그리고 이 이론의 약점 또한 지적할 수 있게 해 주었다. 물론 블랙홀의 중심에 숨어 있는 특이점은 아직도 베일에 싸여 있다. 하지만 특이점의 비밀을 밝혀내려는 연구 덕분에 일반 상대성 이론과 양자 역학을 하나로 통합하려는 양자 중력 이론이 마련되었다. 많은 물리학자들이 오랫동안 소망해 온 궁극적인 대통합 이론이 조만간 탄생할지도 모를 일이다.

더 읽어 볼 책들

- 박석재, 『**아인슈타인과 호킹의 블랙홀**』(휘슬러, 2005).

- 송은영, 『**아인슈타인과 호킹의 블랙홀 랑데부**』(해나무, 2005).

- 이충환, 『**블랙홀**』(살림, 2005).

- J. 리처드 고트, 박명구 옮김, 『**아인슈타인 우주로의 시간 여행**』(한승, 2003).

- 지 알칼릴리, 이경아 옮김, 『**블랙홀, 웜홀, 타임머신**』(사이언스북스, 2003).

논술 · 구술 시험은 논리적이고 종합적인 사고를 요구한다. 다음에 제시된 문제는 이 책의 주제와 연관이 있는 논술 · 구술 기출 문제이다. 이 책을 통하여 습득한 과학적 지식과 원리, 입체적이고 논리적인 접근 방식을 활용하여 스스로 문제에 답해 보자.

▶ 중력을 정의해 보시오. 그리고 달도 지구와 마찬가지로 우주선에 중력을 미치는가?

▶ 지구의 자전 속도가 느려진다고 하였는데 그 이유는 무엇인가? 그리고 지구의 자전 속도가 느려진다는 사실로부터 지구와 달 사이의 관계가 앞으로 어떻게 변하리라 생각하는가?

▶ 무거운 사과와 가벼운 사과가 한 나무에 달려 있다. 어떤 것이 먼저 떨어지며 그 이유는 무엇인가?

▶ 기조력에 영향을 주는 행성은 무엇인가?

옮긴이 | 김성희

부산대 불어교육과 및 동대학원을 졸업했으며 현재 전문 번역가로 활동 중이다.

민음 바칼로레아 36

블랙홀이란 무엇인가?

2판 1쇄 펴냄 2021년 3월 30일
2판 5쇄 펴냄 2024년 8월 8일

1판 1쇄 펴냄 2006년 7월 31일
1판 3쇄 펴냄 2013년 9월 19일

지은이 | 파스칼 보르데
감수자 | 곽영직
옮긴이 | 김성희
발행인 | 박근섭
펴낸곳 | ㈜민음인

출판등록 | 2009. 10. 8 (제2009-000273호)
주소 | 06027 서울 강남구 도산대로 1길 62 강남출판문화센터 5층
전화 | 영업부 515-2000 **편집부** 3446-8774 **팩시밀리** 515-2007
홈페이지 | minumin.minumsa.com

도서 파본 등의 이유로 반송이 필요할 경우에는 구매처에서 교환하시고
출판사 교환이 필요할 경우에는 아래 주소로 반송 사유를 적어 도서와 함께 보내주세요.
06027 서울 강남구 도산대로 1길 62 강남출판문화센터 6층 민음인 마케팅부

한국어판 © ㈜민음인, 2006. Printed in Seoul, Korea
ISBN 979 11-5888-798-8 04000
ISBN 979 11-5888-823-7 04000(set)

㈜민음인은 민음사 출판 그룹의 자회사입니다.